I0205966

144
722 b

HISTOIRE
DE
NAPOLÉON,

PAR M. B*****, AVOCAT.

NAISSANCE. — CONQUÊTES. — REVERS. — MORT.

PARIS,
ADOLPHE RION ET COMPAGNIE,
éditeurs de la *Bibliothèque pour Cinq Francs*,
RUE DES GRANDS-AUGUSTINS, N. 18.

HISTOIRE DE NAPOLÉON.

Les ancêtres de BUONAPARTE ou *Bonaparte* étaient originaires de Bologne. Obligés par les vicissitudes des guerres civiles de se réfugier en Corse, ils s'établirent à Ajaccio, où ils s'allièrent aux familles les plus puissantes et acquirent une grande influence.

C'est en 1757 que Pascal Paoli appela les Corses aux armes pour renverser la domination génoise. Charles Bonaparte, père de Napoléon, l'avait puissamment secondé dans cette guerre. Ses périls furent partagés par Letizia Ramolini, son épouse, l'une des plus belles femmes du temps, qui l'accompagnait à cheval dans ses expéditions. Pressée par les douleurs de l'enfantement à Ajaccio, où elle était revenue pour assister à la fête de l'Assomption, elle n'eut que le temps de rentrer chez elle pour déposer sur un tapis à fleurs un fils qu'on appela NAPOLÉON. C'était le 15 août 1769.

Le premier âge de Napoléon ne fut marqué par aucun de ces prodiges dont on se plaît à entourer l'enfance des grands hommes. Il a dit de lui-même : « Je n'étais qu'un enfant obstiné et curieux. »

Toutefois il paraît que ce double défaut ne pouvait cacher pour tous les esprits clairvoyans le germe de grandes qualités; car Lucien, son oncle, présageant sa glorieuse destinée, disait aux jeunes Bonaparte qui entouraient son lit de mort : « Il est inutile de songer à la fortune de Napoléon : il la fera lui-même. Joseph, tu es l'aîné de la famille, mais Napoléon en est le chef; aie soin de t'en souvenir. »

En 1779, Charles Bonaparte, envoyé à Versailles comme député de la noblesse et des états de Corse, emmena avec lui son fils Napoléon, âgé de dix ans, et sa fille Elisa. Élisa fut placée à Saint-Cyr et Napoléon à Brienne. Il s'y distingua par une application forte et soutenue et des habitudes sévères. Rêveur et solitaire, il était comme tourmenté par de sérieuses pensées, et ses jeux même révélaient les inclinations de son esprit. C'étaient des retranchemens, des fortifications de neige, qu'il élevait avec ses compagnons dans les cours de l'école ; et le goût du commandement se trahissait incessamment dans toutes ces dispositions de guerre.

Il resta à Brienne jusqu'à l'âge de quatorze ans. En 1783, M. de Kéralio, inspecteur des écoles militaires, lui accorda une dispense d'âge et même une faveur d'examen pour être admis à l'Ecole militaire de Paris ; car il n'avait fait de progrès que dans l'étude de l'histoire et des mathématiques, et les moines de Brienne voulaient le garder encore une année pour le perfectionner dans la langue latine. « Non, dit M. de Kéralio, j'aperçois dans ce jeune homme une étincelle qu'on ne saurait trop tôt développer. »

Bonaparte sortit de l'école de Paris le premier mathématicien d'entre les élèves. Un de ses professeurs l'avait ainsi noté : « Corse de nation et de caractère : il ira loin si les circonstances le favorisent. »

Le 1er septembre 1785, il obtint une lieutenance en second au régiment d'artillerie de La Fère, et entra bientôt lieutenant en premier dans un autre régiment qui se trouvait en garnison à Valence. Il n'avait pas dix-sept ans.

Dans un voyage qu'il fit à Paris deux ans après, il vit le fameux abbé Raynal, auquel il avait adressé les premiers cahiers d'une histoire de la Corse. Ce fut sur la proposition de cet abbé que l'académie de Lyon proposa la question suivante : *Quels sont les principes et les institutions à inculquer aux hommes pour les rendre le plus heureux possible?* Napoléon concourut sous le voile de l'anonyme, et remporta le prix.

Au premier signal de la révolution de 1789, Bonaparte était à Valence. Les idées d'émigration s'emparèrent de l'esprit d'un grand nombre d'officiers ; il fut du nombre de ceux qui embrassèrent la cause de la révolution.

Dès cette époque il attacha sa destinée à celle de la France. Capitaine d'artillerie depuis le 6 février 1792, il se trouvait chargé du commandement temporaire de l'un des bataillons soldés en Corse, au moment où Paoli levait de nouveau l'étendart de l'indépendance. Napoléon marcha contre ses compatriotes pour les contraindre à partager notre nationalité. Frappé de proscription avec toute sa famille, dont les propriétés furent livrées au pillage et à l'incendie, il n'en conservait pas moins l'estime de ceux même dont il avait combattu les projets ; car Paoli, qui travaillait sourdement à faire passer la Corse sous la puissance de la Grande-Bretagne, disait de lui : « Ce jeune homme est taillé à l'antique ; c'est un homme de Plutarque. »

Après avoir établi sa famille dans les environs de Toulon, Napoléon se rendit à Paris. La monarchie n'existait plus et le règne de la Convention était ouvert. Napoléon avait trop d'élévation dans l'esprit pour ne pas comprendre les terribles nécessités qui dominaient alors cette célèbre assemblée. Compris dans l'expédition destinée à comprimer les troubles du Midi, sous le commandement du général Carteaux, il publia, sur le théâtre même de la guerre civile, un écrit qui prouvait assez que le salut de la France et le succès d'une grande régénération sociale lui paraissaient attachés au système qui se développait.

Toulon, qui avait proclamé Louis XVII, s'était livré à l'amiral anglais Hood. Bonaparte fut nommé commandant en second de l'artillerie du siège de cette ville, sous le général Dammartin. A son arrivée, le 12 septembre, il trouva l'armée dépourvue ; mais en moins de six semaines sa prodigieuse activité créa toutes les ressources qui manquaient.

Tous les efforts des assiégeans devaient être dirigés contre le fort Mulgrave, auquel les Anglais avaient donné le nom de Petit Gibraltar, et qui était regardé comme tellement imprenable, que le commandant avait dit: « Si les Français emportent cette batterie, je me fais jacobin. » Bonaparte assurait de son côté que soixante-douze heures après la prise de ce fort l'armée entrerait à Toulon. Un engagement inattendu, suite de l'indignation qu'inspira au bataillon de la Côte-d'Or la vue des mauvais traitemens que les soldats espagnols faisaient éprouver à des volontaires français qu'ils emmenaient prisonniers, favorisa ses projets d'attaque, et le succès paraissait certain, lorsque le général Doppet, qui commandait en chef, voyant tomber auprès de lui un de ses aides de camp, donna l'ordre de se retirer. Bonaparte, blessé à la tête, revint auprès de lui et lui dit : « Le j... f..... qui a fait sonner la retraite nous a fait manquer Toulon. »

Ce fut pendant ce siège que Bonaparte, ayant besoin de dicter un ordre, demanda un homme qui sût écrire. Un sergent de la Côte-d'Or se présente, et, comme il écrivait, un boulet le couvrit de terre, lui et son papier : « Bon, dit-il, je n'aurai pas besoin de poussière. » Ce sergent était Junot, qui fut depuis maréchal d'empire.

Une redoute parallèle au fort Gibraltar ayant été foudroyée aussitôt que démasquée, les canonniers fuyaient effrayés; mais Bonaparte fit mettre en gros caractères sur un écriteau : *Batterie des hommes sans peur*, et tous se disputèrent alors l'honneur de la servir; lui-même donna l'exemple et commanda le feu depuis le 14 décembre jusqu'au 17. Grâce à une manœuvre habile et audacieuse, le fort fut enlevé, et Bonaparte dit aux généraux : « Demain ou après-demain au plus tard vous souperez dans Toulon. »

La ville fut reprise; mais les Anglais, en la quittant, avaient mis le feu au magasin général. Au milieu de cet effrayant désordre, les galériens, au nombre de 900, parvinrent à éteindre l'incendie, puis reprirent leurs fers : comme pour prouver qu'il n'est pas de si profonde souillure qui ne se purifie à la flamme vivifiante de la liberté.

Dugommier demanda au Comité de Salut public le grade de général de brigade pour Bonaparte : « Récompensez et avancez ce jeune homme, écrivait-il; car si l'on était ingrat envers lui, il s'avancerait tout seul. »

Quelque temps après, Dumerbion, général en chef de l'armée d'Italie, écrivait au comité de la guerre : « C'est au talent du général Bonaparte que je dois les savantes combinaisons qui ont assuré notre victoire. »

Bonaparte faillit être victime de la réaction du 9 thermidor qui renversa Robespierre ; c'était le sort de milliers de citoyens. Il fut cité à la Convention comme ennemi de la liberté par ceux même qui l'avaient tuée et qui firent plus tard si bon marché de ses dépouilles. Au fond, son véritable crime à leurs yeux était l'amitié qui avait existé entre lui et Robespierre jeune. Pressés par le danger, les représentans qui se trouvaient à l'armée écrivirent qu'on ne pouvait se passer de Bonaparte, et la citation fut retirée. Cependant Aubry, représentant du peuple, ancien capitaine d'artillerie et devenu directeur du comité de la guerre, lui ôta le commandement de l'artillerie de l'armée d'Italie pour lui donner une brigade dans la Vendée. Bonaparte se rendit à Paris pour obtenir sa réintégration. « Vous êtes trop jeune, lui dit Aubry, pour conserver plus long-temps un commandement en chef de votre armée. » — On vieillit vite sur le champ de bataille, répondit Bonaparte, et j'ai vécu. » Il n'obtint rien, refusa la brigade de l'ouest et rentra dans la vie privée.

Sébastiani et Junot l'avaient accompagné. Ils prirent ensemble un petit logement rue de la Michodière. La misère ne tarda pas à se faire sentir, et Bonaparte fut obligé de vendre une précieuse collection d'ouvrages militaires qu'il avait rapportée de Marseille. Heureusement que Doulcet de Pontécoulant avait remplacé Aubry, et qu'il attacha Bonaparte au comité topographique où se préparaient les mouvemens des armées.

Cependant la contre-révolution, qui s'était tenue d'abord enveloppée du manteau des exagérations révolutionnaires, reprit ouvertement son audace et éleva ses menaces jusqu'à la Convention. Les sections de la garde nationale se déclarèrent en sa faveur. La corruption fermentait au sein de l'assemblée elle-même, qui pourtant résolut la répression. Barras, qui n'entendait rien à la guerre, se fit adjoindre Bonaparte comme commandant en second. Ce jeune général prit des dispositions habiles, battit les sections et donna la victoire à la Convention, au moment où l'on y proposait de poser les armes.

Chargé d'opérer le désarmement, il eut de fréquentes occasions de haranguer le peuple, et dès lors son nom devint populaire.

Un matin on lui présenta un enfant de douze à treize ans qui réclamait l'épée de son père, général de la république, mort sur l'échafaud; c'était Eugène Beauharnais. L'épée lui fut rendue, la mère dut remercier le général : telle est l'origine d'une passion dont les phases ont eu avec la destinée de Bonaparte une coïncidence si singulière.

Nommé général de division quelques jours avant la dissolution de la Convention, il remplaça, dans le commandement en chef de l'armée de l'intérieur, Barras, devenu membre du Directoire. Peu de jours après, il épousa madame de Beauharnais et fut nommé général en chef de l'armée d'Italie; il avait 27 ans.

Il trouva les soldats dans le plus grand dénuement et des généraux qui avaient à la fois plus d'âge et plus d'ancienneté militaire; mais l'ascendant de son génie surmonta bientôt cette double difficulté. La confiance et l'enthousiasme entrèrent dans tous les cœurs, et les victoires de Montenotte, de Dégo, de Millésimo, de Ceva, de Mondovi furent les résultats de son entraînante éloquence, autant peut-être que de ses grands talens militaires. Il avait le secret de la puissance qui se fortifie de son action sur tous les sentimens généreux.

Ce fut à Dégo qu'il remarqua le chef de bataillon Lannes et l'éleva au grade de chef de brigade.

En quinze jours la Sardaigne avait été soumise, et cinq fois les conseils avaient récompensé ces rapides et décisifs triomphes par la formule républicaine : *L'armée d'Italie a bien mérité de la patrie.*

Bientôt le duc de Parme et le prince de Modène effrayés achètent la paix par des tableaux et des millions. Le pont de Lodi est franchi avec une audace prodigieuse; le vainqueur est reçu à Milan au milieu des acclamations du peuple, qui demandait la liberté. Le général autrichien Beaulieu, vaincu une fois encore sur les bords du Mincio, est remplacé par le feld-maréchal Wurmser, qui arrive avec une nouvelle armée forte de plus du double de celle de la république; mais les combats de Lonato, de Salo, de Brescia, de Castiglione, de Roverdo, de Bassano, vinrent compléter cette rapide série de victoires, que nos soldats appelèrent *la Campagne de cinq jours*.

Trois armées autrichiennes avaient été successivement détruites. L'aide-de-camp Marmont fut chargé de porter au Directoire les drapeaux qu'on leur avait enlevés.

Le génie politique de Napoléon ne se manifestait pas moins que son génie militaire. Il organisait des républiques dans toute l'Italie.

Après avoir pris Mantoue et successivement battu Alvinzi et l'archiduc Charles lui-même, il marcha sur Vienne, et n'en était plus qu'à vingt lieues, lorsque fut conclue la suspension d'armes de Léoben, bientôt transformée en traité définitif à Campo-Formio.

Après avoir assisté à quelques séances du congrès de Rastadt, où se traitaient les intérêts de la république française et de l'empire germanique, il arriva incognito à Paris, le 5 décembre 1797, et descendit dans sa petite maison de la rue Chantereine, que le conseil municipal appela rue de *la Victoire*.

On célébra dans une fête nationale les soixante-sept combats et les dix-huit batailles de la campagne d'Italie. L'enthousiasme de l'armée et du peuple était au comble. David s'offrit de peindre le vainqueur à cheval au pont de Lodi ou d'Arcole. « Non, dit-il, j'y servais avec toute l'armée. Représentez-moi de sang-froid sur un cheval fougueux. »

Il ne restait plus qu'un ennemi à vaincre, c'était le gouvernement anglais. Bonaparte conçut le projet de l'attaquer dans ses possessions indiennes et proposa la conquête de l'Égypte. Le Directoire, fatigué de sa présence, y consentit. Le 19 mai 1798 une armée de 36,000 hommes s'embarque à Toulon. Commencée sous les plus brillans auspices, la conquête s'achevait et se consolidait par l'habileté du général, lorsque l'amiral anglais Nelson attaqua la flotte française à Aboukir et la détruisit entièrement. Cette défaite fut décisive, et les victoires qui la suivirent ne furent plus que des attestations glorieuses mais stériles de la bravoure française. Bonaparte résolut son départ. Malgré les dangers qu'offraient les croisières anglaises, il arriva sans rencontre fâcheuse à Fréjus, le 9 octobre.

Il revenait entouré d'une nouvelle auréole de gloire, et le

gouvernement était de plus en plus déchu dans l'opinion. Sous son administration la guerre civile s'était rallumée et une armée russe avait envahi l'Italie. Un changement était dans tous les vœux. Bonaparte étudia les partis et résolut de s'en servir pour renverser le Directoire.

Le conseil des Anciens entra parfaitement dans ses vues en transférant à Saint-Cloud les séances du corps législatif et en le chargeant de l'exécution de cet arrêté. « Citoyens, dit Bonaparte, introduit au milieu d'eux, la république périssait; votre décret vient de la sauver. Nous voulons une république fondée sur la vraie liberté, sur la liberté civile, sur la représentation nationale; nous l'aurons. » Puis il s'adressa aux troupes placées sous son commandement: « La république est mal gouvernée depuis deux ans: la liberté, la victoire et la paix la replaceront au rang qu'elle occupait en Europe et que l'ineptie ou la trahison a pu seule lui faire perdre. »

C'est au conseil des Cinq-Cents qu'il devait éprouver la plus grande résistance. Il y entra avec un peloton de grenadiers. « Ici des sabres! s'écrièrent les députés; ici des hommes armés! A bas le dictateur! A bas le tyran! Hors la loi le nouveau Cromwell! »

Bonaparte parvient à la tribune, malgré les cris et la plus ardente opposition. Plusieurs députés se précipitent vers lui. Aréna lui crie: « Tu feras donc la guerre à ta patrie! » Bonaparte crut qu'on en voulait à sa vie, et la parole lui manqua. Les grenadiers s'élancent vers lui, en s'écriant: « Sauvons notre général! » et l'entraînent hors de la salle. Alors tous les députés s'écrient: « Hors la loi! la mise hors la loi! » Lucien, qui présidait, s'y refuse et donne sa démission. Il se joint à son frère, qui était monté à cheval, et s'adresse aux troupes en ces termes: « Vous ne reconnaîtrez pour législateurs de la France que ceux qui vont se rendre auprès de moi; quant à ceux qui resteront dans l'orangerie, que la force les expulse! Ces brigands ne sont plus les représentans du peuple; ce sont les représentans du poignard. » Lucien faisait une calomnie.

La salle fut envahie par les grenadiers commandés par Murat. Lucien réunit quelques membres des Cinq-Cents au conseil, et cette minorité liberticide déclara que les généraux et les soldats avaient *bien mérité de la patrie.*

La journée du 18 brumaire se termina par la dissolution des deux conseils et la nomination d'une commission consulaire composée de Bonaparte, Sièyes et Roger-Ducos. Elle s'installa au Luxembourg le lendemain. « Qui de nous présidera, dit Sièyes? » — « Vous voyez bien, dit Roger-Ducos, que c'est le général qui préside. » En sortant Sièyes dit à Talleyrand, Cabanis, Rœderer, Chazal et Boulay de la Meurthe : « A présent, messieurs, nous avons un maître; il sait tout, il fait tout, il peut tout. »

Quelque temps après Bonaparte fut nommé premier consul. La lassitude de la nation l'avait rendu tout-puissant. Il s'installa aux Tuileries; l'étiquette revint peu à peu, et la dénomination républicaine de *citoyen* disparut. Le parti royaliste en reprit quelque espoir. MM. Daudigné et Hyde de Neuville, admis à une audience de nuit, proposèrent le rétablissement de la monarchie. Bonaparte répondit : « J'oublie le passé et j'ouvre un vaste champ à l'avenir. Quiconque marchera droit devant lui sera protégé sans distinction; quiconque s'écartera à droite ou à gauche sera frappé de la foudre. »

La guerre de la Vendée fut terminée; l'ordre administratif et l'ordre judiciaire reprirent vigueur; des lois d'amnistie furent décrétées; le projet de reviser les lois civiles et criminelles de la France, conçu par le gouvernement précédent, fut mis à exécution.

Au milieu de ces grands travaux, le premier consul préparait la seconde guerre d'Italie, qui fut un brillant épisode d'un vaste plan général contre la coalition. Le passage du mont Saint-Gothard, du Simplon et du mont Cenis ouvrirent cette campagne prodigieuse, que termina la bataille de Marengo.

Une autre armée, sous le commandement de Moreau, gagnait la bataille d'Hochstedt, et l'Autriche paraissait disposée à recevoir des propositions de paix. Une convention provisoire, qui restituait à la France ce qu'elle avait perdu depuis quinze mois, suspendit la guerre pendant quelque temps.

Ce fut à cette époque que le premier consul reçut du

comte de Provence (Louis XVIII) les deux lettres suivantes.

AU GÉNÉRAL BONAPARTE.

« Quelle que soit leur conduite apparente, des hommes tels que vous, monsieur, n'inspirent jamais d'inquiétude. Vous avez accepté une place éminente, et je vous en sais gré. Mieux que personne vous savez ce qu'il faut de force et de puissance pour faire le bonheur d'une grande nation. Sauvez la France de ses propres fureurs, et vous aurez rempli le vœu de mon cœur. Rendez-lui son roi, et les générations futures béniront votre mémoire. Vous serez trop nécessaire à l'état pour que je songe à acquitter par des places importantes la dette de mon agent et la mienne. Louis. »

« Depuis long-temps, général, vous devez savoir que mon estime vous est acquise. Si vous doutiez que je fusse susceptible de reconnaissance, marquez votre place, fixez le sort de vos amis. Quant à mes principes, je suis Français : clément par caractère, je le serai encore par raison.
« Non, le vainqueur de Lodi, de Castiglione, d'Arcole, le conquérant de l'Italie, ne peut pas préférer à la gloire une vaine célébrité. Cependant vous perdez un temps précieux. Nous pouvons assurer la gloire de la France ; je dis *nous*, parce que j'aurai besoin de Bonaparte pour cela et qu'il ne le pourrait pas sans moi.
« Général, l'Europe vous observe, la gloire vous attend, et je suis impatient de rendre la paix à mon pays.
« Louis. »

Bonaparte ne pouvait être dupe de ces ouvertures insidieuses : la première lettre, qui avait pour but secret de décréditer sourdement son patriotisme, demeura sans réponse ; la seconde reçut celle-ci, dont les premières lignes ressemblent à une poignante mystification.

Paris, le 20 fructidor an VIII.

« « J'ai reçu, monsieur, votre lettre. Je vous remercie des choses honnêtes que vous m'y dites.

« Vous ne devez pas souhaiter votre retour en France : il
« vous faudrait marcher sur cent mille cadavres. Sacrifiez
« votre intérêt au repos et au bonheur de la France ; l'his-
« toire vous en tiendra compte.

« Je ne suis pas insensible au malheur de votre famille, je
« contribuerai avec plaisir à l'adoucir et à la tranquillité
« de votre retraite.   BONAPARTE. »

La haine des royalistes se réveilla ; l'explosion d'une machine infernale fut préparée ; le 24 décembre, vers sept heures du soir, elle éclata au moment où le premier consul allait à l'Opéra. Sa voiture fut manquée de deux secondes : le cocher, enivré, était parti plus vite qu'à l'ordinaire. Cinquante-six personnes furent blessées et vingt-deux tuées.

Bonaparte, qui avait méprisé les avis qu'on lui avait donnés, parut à l'Opéra sans laisser percer la moindre émotion ; mais de retour aux Tuileries, il fit mander Fouché, ministre de la police, qui, pour se venger du mépris qu'il inspirait aux républicains, leur attribua cette tentative et dressa une liste de cent trente personnes, qui furent déportées par un sénatus-consulte rédigé pendant la nuit. Des tribunaux criminels spéciaux furent institués, malgré l'opposition d'une puissante et courageuse opposition dans le Tribunat, et les conseils furent investis de la faculté d'éloigner toutes les personnes qui leur deviendraient suspectes.

Cependant la diplomatie anglaise s'était jetée à la traverse des négociations avec l'Autriche : mais ce fut une nouvelle occasion de victoires pour l'armée française qui, sous la conduite de Moreau, conquit en vingt-cinq jours quatre-vingt-dix lieues de pays défendu par les lignes de l'Inn, de la Salza, de la Traün et de l'Ens.

C'est la paix que nous venons de conquérir, avait dit Moreau le soir de la bataille de Hohenlinden. En effet la force des événemens en Italie et en Allemagne devait faire taire, momentanément du moins, l'influence britannique, et le comte de Cobentzell avait déclaré, dès le 31 décembre 1800, qu'il était autorisé à traiter *sans le concours des Anglais*. Le 9 février 1801 fut signé le traité de Lunéville, qui, en renouvelant celui de Campo-Formio, reconnaissait la cession de la Belgique et enlevait à l'Autriche le protectorat du corps germanique, fixait à l'Adige les limites de ses possessions italiques et la forçait à reconnaître l'indépendance des républiques cisalpine, ligurienne, batave et helvétique.

La coalition n'existait plus. Après l'avoir détruite pièce à pièce, Bonaparte s'était servi de ses élémens pour organiser contre l'Angleterre une ligue du nord entre la Russie, la Prusse, la Suède et le Danemarck. Il avait projeté, de concert avec le czar Paul Ier, l'invasion de l'Inde par une armée combinée française et russe. Mais dans la nuit du 24 mars, ce prince trouva dans sa chambre des assassins; après une défense héroïque, il succomba sous les coups des premiers nobles de son empire. Bonaparte fit mettre dans le *Moniteur* : « Paul Ier est mort dans la nuit du 23 au 24 mars; l'escadre anglaise a passé le Sund le 30 : l'histoire nous apprendra les rapports qui peuvent exister entre ces deux événemens. » Par cette catastrophe, la ruine de l'Angleterre fut conjurée et la ligue du nord rompue. En montant sur le trône de son père, Alexandre publia qu'il était mort d'une apoplexie; il signa avec les Anglais, le 17 juin 1801, un traité d'alliance qui entraîna forcément l'accession du Danemarck, de la Suède et de la Prusse.

Bonaparte résolut alors d'attaquer la puissance anglaise en Portugal, qu'elle traitait comme une colonie. Il y intéressa l'Espagne. Mais Godoï, favori du roi Charles IV, signa la paix de Badajoz, qui entraîna bientôt le traité de Madrid entre le Portugal et la France.

Le continent se refusant à prendre part à la lutte des deux puissances rivales, la guerre devint un instant maritime. Des moyens de défense furent organisés sur toutes nos côtes, et une descente en Angleterre fut résolue. Elle n'eut pas de suite. La guerre n'avait plus de prétexte, et la paix devenait une nécessité pour les deux partis. Elle fut signée au commencement de 1802, et la liberté des mers fut momentanément reconnue.

Sous l'influence de la France, les républiques italiques modifièrent leurs constitutions et formèrent avec la nôtre une sorte d'affiliation.

Un concordat avec le pape fut signé

Le pouvoir de Bonaparte s'augmentait de jour en jour aux dépens de la liberté, et ses goûts monarchiques se décelaient de plus en plus; la légion-d'honneur fut créée. La discussion de cette loi excita de vifs débats dans le Tribunat; les mots de *royauté consulaire et d'ordre de chevalerie* y furent répétés: mais les efforts des bons citoyens furent un rempart impuissant contre l'entraînement général. Sur la question: *Bonaparte sera-t-il consul à vie?* il y eut trois millions cinq cent cinquante-sept mille huit cent quatre-vingt-cinq votans, dont trois millions trois cent soixante-huit mille deux cent cinquante-neuf pour l'affirmative. Le 2 août 1802 le sénat proclama ce qu'on appelait le vœu du peuple, et la monarchie élective fut fondée.

Deux jours après la constitution fut changée. La base et le principe d'élection furent détruits. On eut des consuls à vie et des électeurs à vie. Le Corps Législatif fut réduit à deux cent cinquante-huit membres, et le Tribunat à cent. Le despotisme marcha tête levée.

Il portait avec lui son propre châtiment. Les prétentions de l'ancienne famille royale de France commencèrent à inspirer des craintes. Il était si difficile de ramener la nation aux idées de la monarchie sans faire renaître le souvenir de ce qu'elle appelait ses droits. La légitimité poursuivait le consulat comme un fantôme. L'ambassadeur français présenta au cabinet anglais une note par laquelle il demandait *que l'Angleterre défendît tout ce qui était défendu en France; l'éloignement des émigrés de l'île de Jersey; l'expulsion des évêques de Metz et de Saint-Pol; la déportation au Canada de Georges et de ses adhérens; le renvoi de tous les Français qui porteraient en Angleterre les décorations de l'ancienne monarchie; l'ordre à tous les princes de la maison de Bourbon de se rendre à Varsovie près du chef de leur famille.* Enfin Bonaparte avait offert à Louis XVIII une indemnité considérable, soit en argent, soit en terres, s'il renonçait à ses droits sur la couronne de France. Il était comme tourmenté de l'instinct de sa perte future. Louis XVIII répondit: « Je ne confonds point M. Bonaparte avec ceux qui l'ont précédé. J'estime sa valeur, ses talens militaires; je lui sais gré de quelques actes d'administration; mais il se trompe s'il croit m'engager à renoncer à mes droits. Loin de là, il les établirait lui-même, s'ils pouvaient être litigieux, par les démarches qu'il fait en ce moment. »

Des exigences réciproques de la part des deux puissances ne permettaient pas de conserver l'espoir d'une paix longtemps durable. Au milieu des altercations d'une audience diplomatique, Bonaparte interpella vivement l'ambassadeur d'Angleterre : « Vous êtes décidé à la guerre...., vous voulez la guerre. Nous l'avons faite pendant quinze ans ; vous voulez la faire encore pendant quinze années, et vous m'y forcez.... Les Anglais veulent la guerre, dit-il en se retournant du côté de l'ambassadeur de Russie ; mais s'ils sont les premiers à tirer l'épée, je serai le dernier à la remettre dans le foureau. Ils ne respectent pas les traités ; il faut dorénavant les couvrir d'un crêpe noir. Si vous voulez armer, j'armerai aussi ; si vous voulez vous battre, je me battrai aussi. Vous pouvez peut-être tuer la France, mais jamais l'intimider. Malheur à ceux qui ne respectent pas les traités ! Ils en seront responsables devant toute l'Europe. »

La rupture ne tarda pas à éclater. Deux bâtimens français furent capturés par les Anglais avant toute déclaration, et, en représailles, le premier consul déclara prisonniers de guerre tous les Anglais de dix-huit à soixante ans qui se trouvaient en France, comme otages des Français pris contre le droit des gens. En même temps le Hanovre fut envahi.

Le gouvernement anglais ne négligea aucun moyen de seconder les tentatives de la maison de Bourbon.
« Pichegru avait un titre à sa confiance dans sa trahison de 1795 ; il lui désigna le général Moreau comme capable de jouer le rôle de Monk, en sa qualité de chef de l'opposition républicaine qui s'élevait contre Bonaparte. Une entrevue eut lieu entre ces deux généraux, qui ne différaient que sur les moyens secondaires d'exécution. Un plan de conspiration fut arrêté. En conséquence un premier débarquement de conjurés, commandés par Georges Cadoudal, s'opéra le 21 août 1803 ; un second le 10 décembre, sous les ordres d'un nommé Coster Saint-Victor, et un troisième sous ceux de Pichegru et Lajolais, le 16 janvier 1804 ;

un quatrième devait amener un prince français : il n'eut pas lieu. Le complot fut découvert, et la plupart des conjurés arrêtés.

Parmi eux étaient les deux frères Armand et Jules Polignac. Le 15 février on arrêta Moreau, et l'ordre de la garnison de Paris du 17 portait : « Cinquante brigands ont pénétré dans la capitale ; Georges Cadoudal et le général Pichegru étaient à leur tête. Leur arrivée avait été provoquée par un homme qui compte encore dans nos rangs, le général Moreau. Leur projet, après avoir assassiné le premier consul, était de livrer la France aux horreurs de la guerre civile, et aux terribles convulsions de la contre-révolution. »

Cette alliance monarchico-républicaine était incroyable, et on la regarda comme une calomnie inventée contre Moreau. Ce qui augmentait la défiance, c'est l'attribution de la connaissance du complot à des tribunaux criminels d'exception. Une loi improvisée appliqua la peine de mort aux receleurs, et Pichegru fut livré pour une somme de cent mille francs par un homme chez lequel il s'était réfugié. Des deux agens qui arrêtèrent Georges, l'un fut tué et l'autre blessé. Il n'hésita pas à avouer qu'il était venu à Paris pour attaquer le premier consul par des moyens de vive force, mais il ajouta qu'il attendait pour cela qu'un prince français fût arrivé. Pichegru se renferma dans un système complet de dénégation. Moreau ne put soutenir long-temps ce système, et le 8 mars il écrivit au premier consul une justification maladroite qui fut jointe aux pièces.

L'incrédulité continuant à s'agiter, le premier consul envoya le colonel Sébastiani s'informer confidentiellement auprès de M. de la Guillaumye, l'un des juges, de l'issue probable du procès. « Moreau est coupable, répondit ce magistrat, mais les preuves de conviction manquent, et l'opinion publique se prononcerait contre une condamnation qui dépasserait une détention limitée. » — « La Guillaumye a raison, dit le premier consul. Les Parisiens sont toujours pour les accusés. Quand Biron fut condamné à mort par le parlement, bien justement comme traître, on fut obligé de doubler la garde et de le faire exécuter à huis-clos à l'Arsenal. » — « Pourquoi n'avoir pas traduit Moreau devant une commission militaire ? dit un général présent à cet entretien. » — Je ne l'ai pas fait, pour sauver votre tête et la mienne. » Quelque temps après le juge Clavier, à qui l'on assurait que Bonaparte ferait grâce à Moreau si le tribunal le condamnait à mort, s'écria : « Et qui me fera grâce à moi ? »

Une autre machination, conçue à Londres et ourdie sur les bords du Rhin, était dirigée par Drake. Des comités avaient été formés dans un grand nombre de communes pour désorganiser l'armée et exciter à la contre-révolution. Un nommé Méhée de la Touche, déporté à Oleron, était l'un des agens de Drake. Arrêté à Kehl avec les papiers, il se trouva dans la nécessité de subir la peine capitale pour avoir rompu son ban, ou de devenir l'agent du gouvernement pour déjouer la conspiration. Il n'hésita pas et continua sa correspondance avec le ministre anglais, sous la dictée de M. Shée, préfet de Strasbourg. Drake se livra avec le plus entier abandon. Un rapport de gendarmerie apprit en même temps que le duc d'Enghien, résidant à Ettenheim, y avait réuni beaucoup d'émigrés, et se proposait de pénétrer en France du côté de l'est, au moment où le duc de Berry entrerait du côté de l'ouest. Bonaparte prit le parti, selon son expression, *de renvoyer la terreur à ses ennemis jusque dans Londres*. Après un conseil de ministres, ordre fut donné à celui de la guerre, le 10 mars 1804, de faire arrêter le duc d'Enghien. L'enlèvement s'effectua avec la plus grande célérité : le jeune prince arriva à Vincennes le 20, à neuf heures du soir. Il y comparut devant une commission militaire composée d'un général de brigade, de six colonels, d'un capitaine rapporteur et d'un capitaine greffier. Par un arrêté du 19 ventose, il était prévenu *d'avoir porté les armes contre la république; d'avoir été et d'être encore à la solde de l'Angleterre; de faire partie de complots tramés par cette puissance contre la sûreté intérieure et extérieure de la république*. Il déclara *qu'il n'avait jamais vu Pichegru; que le général avait désiré le voir; qu'il se louait de ne l'avoir pas connu, d'après les vils moyens dont on dit qu'il a voulu se servir, s'ils sont vrais; qu'il avait toujours commandé l'avant-garde de l'armée de son grand-père* (le prince de Condé); *qu'il n'avait pour vivre que le traitement que lui faisait l'Angleterre, c'est à dire cent cinquante guinées par mois.*

Il écrivit au bas de son interrogatoire : « Je demande une audience au premier consul : mon nom, mon rang, ma façon de penser et l'horreur de ma situation me font espérer qu'il ne se refusera pas à ma demande. » Dans un second interrogatoire, il déclara *qu'il était prêt à faire la guerre, et qu'il devait avoir du service dans celle que l'Angleterre faisait encore à la France.* Averti que la commission le jugerait sans appel, « Je ne me dissimule pas, dit-il, le danger que je cours; je désire seulement avoir une entrevue avec le premier consul. » Vers quatre heures du matin une explosion se fit entendre dans les fossés de Vincennes; c'était le prince que l'on fusillait.

O a fait dire à un homme d'état : « Cette mort n'est pas seulement un crime, c'est une faute. » Bonaparte pensait autrement, long-temps après l'événement. On lit dans son testament : « J'ai fait arrêter et juger le duc d'Enghien, parce que cela était nécessaire à la sûreté de l'état, à l'intérêt et à l'honneur du peuple français.... Dans une semblable circonstance j'agirais de même. » Dans ses mémoires, Bonaparte ajoute encore : « Le duc d'Enghien périt parce qu'il était un des auteurs principaux de la conspiration de Georges, Pichegru et Moreau.... Il figurait déjà, depuis 1796, dans les intrigues de l'Angleterre, comme le prouvent les papiers saisis dans le caisson de Klinglin et les lettres de Moreau au Directoire, du 17 fructidor 1797. »

Le 30 avril 1804, un membre du Tribunat, nommé Curcé, fut chargé de la proposition de nommer Napoléon empereur, et de fixer l'hérédité dans sa famille. Elle eût été votée à l'unanimité sans l'opposition du citoyen Carnot. Elle passa au Corps-Législatif le 2 mai, et le 18, le Sénat rendit le sénatus-consulte organique. Napoléon répondit au consul Cambacérès, qui le lui présenta à la tête du sénat : « Tout ce qui peut contribuer au bien de la patrie est essentiellement lié à mon bonheur; j'accepte le titre que vous croyez utile à la gloire de la nation. Je soumets à la sanction du peuple la loi sur l'hérédité; j'espère que la France ne se repentira jamais des honneurs dont elle environnera ma famille. Dans tous les cas, mon esprit ne sera plus avec ma postérité le jour où elle cesserait de mériter l'estime de la grande nation. »

Joseph fut nommé grand-électeur, Louis connétable, Cambacérès archichancelier et Lebrun architrésorier. Dix-huit généraux furent créés maréchaux d'empire.

Le 27 mai, le sénat prêta serment. On renouvela la cérémonie du vœu des départemens.

Il paraît que Bonaparte crut sa puissance plus solidement établie. Il reçut et fit imprimer dans le *Moniteur* une déclaration en date du 6 juin, conçue dans les termes suivans :

Protestation de Louis XVIII, roi de France, contre l'usurpation de Bonaparte.

« En prenant le titre d'empereur, en voulant le rendre héréditaire dans sa famille, Bonaparte vient de mettre le sceau à son usurpation. Ce nouvel acte d'une révolution où tout dans l'origine a été nul ne peut sans doute infirmer nos droits ; mais comptable de ma conduite à tous les souverains, dont les droits ne sont pas moins lésés que les miens, et dont les trônes sont tous ébranlés par les principes dangereux que le sénat de Paris a osé mettre en avant ; comptable à la France, à ma famille, à mon propre honneur, je croirais trahir la cause commune en gardant le silence en cette occasion. Je déclare donc (après avoir au besoin renouvelé mes protestations contre tous les actes illégaux, qui depuis l'ouverture des états-généraux de France ont amené la crise effrayante dans laquelle se trouvent la France et l'Europe), je déclare, en présence de tous les souverains, que loin de reconnaître le titre impérial que Napoléon vient de se faire déférer par un corps qui n'a pas même d'existence légale (le Sénat), je proteste contre ce titre et contre tous les actes subséquens auxquels il pourrait donner lieu. »

A son avènement Napoléon pardonna à huit condamnés à mort dans la conspiration de Cadoudal. Les deux années de détention de Moreau furent commuées en un exil aux États-Unis. Georges, n'ayant pas voulu demander sa grâce, périt avec douze de ses complices.

Les travaux d'invasion contre l'Angleterre se continuaient. Napoléon visita la flottille de Boulogne, les ports et les places fortes du nord, et ce fut pour lui l'occasion d'une marche triomphale.

La plupart des souverains d'Europe ne tardèrent guère à reconnaître l'empereur. Le pape lui-même se chargea de le sacrer. Bonaparte plaça lui-même la couronne sur sa tête, et couronna l'impératrice Joséphine.

A la distribution des aigles au Champ-de-Mars, il dit :

« Soldats, voici vos drapeaux; ces aigles vous serviront toujours de point de ralliement. Elles seront partout où votre empereur les jugera nécessaires pour la défense de son trône et de son peuple. »

La politique de la Russie avait changé à la mort de Paul Ier. En s'offrant comme intermédiaire entre l'Angleterre et la France, Alexandre exigeait l'évacuation de la Hollande, de la Suisse et de l'Italie, conditions qui ne pouvaient être acceptées. Ce n'était qu'un prétexte de rupture. Le 8 avril 1805, elle signa un traité avec l'Angleterre et détermina le divan à refuser de reconnaître l'empereur.

La guerre était donc imminente : d'un côté l'Angleterre, la Russie et l'Autriche, dont les intentions secrètes étaient mal dissimulées; de l'autre l'empire français, la Hollande et la Belgique. Napoléon songea à se donner de nouveaux alliés. Le 12 janvier 1805 il signa avec l'Espagne la convention d'Aranjuez, par laquelle cette puissance s'engageait à fournir trente vaisseaux et cinquante mille hommes de débarquement.

D'un autre côté, l'enthousiasme que Napoléon avait excité en Italie engagea les peuples de cette péninsule à lui offrir la couronne de fer des anciens rois Lombards. Il accepta avec empressement; mais, pour rassurer sur ses projets, il promit de céder ce trône à un fils adoptif, et de le séparer de l'empire aussitôt que l'Angleterre aurait évacué l'île de Malte, et la Russie la république des Sept-Iles. Lorsque la députation de Milan lui offrit cette couronne en plein sénat, le 28 mars, Napoléon dit : « Le génie du mal cherchera en vain des prétextes pour mettre en guerre le continent. Ce qui a été réuni à notre empire par les lois constitutionnelles de l'état y restera réuni. *Aucune nouvelle puissance n'y sera incorporée.* »

Ces protestations que Napoléon avait été obligé de répéter déjà dans plusieurs circonstances graves étaient loin d'être rassurantes, et la politique anglaise ne pouvait manquer d'exploiter le danger qu'elles indiquaient.

Le 2 avril Napoléon et Joséphine partirent pour leur couronnement en Italie. L'empereur saisit l'occasion de ce voyage pour aller à Brienne recueillir des souvenirs de jeunesse qui ne laissaient pas que de relever encore l'éclat de ses nouvelles grandeurs. Il reconnut jusqu'aux serviteurs de l'Ecole, et demanda un ecclésiastique qui avait été son préfet de classe. Ce prêtre, alors vicaire dans un village voisin, arriva précipitamment revêtu d'une redingote brune : « Pourquoi n'êtes-vous pas en soutane ? lui demanda Napoléon. Un prêtre ne doit jamais quitter son habit. Il ne faut pas qu'il puisse cacher ses mœurs un seul moment. » L'ecclésiastique alla s'habiller, et l'empereur trouva bientôt le moyen de lui faire oublier ce que sa réprimande avait eu de sévère. Le lendemain matin, il s'échappa pour visiter les environs d'un village appelé la Rothière, l'une des promenades favorites de l'École.

On croit que c'est pendant ce voyage qu'il arrêta son plan de descente en Angleterre. Les flottes combinées de France et d'Espagne, commandées par les amiraux Gantheaume, Villeneuve et Gravina, devaient feindre un mouvement de départ pour les Antilles, afin d'éloigner les forces anglaises de la Manche et de faciliter la réunion des flottilles d'invasion. Mais la marine anglaise n'était pas inactive, et Villeneuve fut battu par l'amiral Calder au cap Finistère. Ainsi échoua un projet dont on ne saurait mieux apprécier l'importance que par les vives craintes qu'il inspirait aux Anglais.

Le voyage d'Italie ne pouvait être qu'une longue ovation. A Marengo, Bonaparte reprenant l'uniforme de l'ancien général républicain posa la première pierre du monument élevé à la mémoire des braves qu'y avait engloutis cette périlleuse victoire.

Le 8 mai il fit son entrée à Milan.

Le 26 eut lieu le couronnement. Le cardinal Caprara officiait, et le nouveau Charlemagne reçut la couronne des Lombards, ou plutôt il affecta de la prendre lui-même, comme à Paris, en disant : « Dieu me la donne ; gare à qui la touche ! » Ce fut la devise de l'ordre de la couronne de fer qu'il créa.

Le 10 il quitta Milan, et après avoir successivement visité Castiglione, Peschiera, Vérone, Mantoue, Bologne, Gênes et Turin, il partit le 11 juillet pour Fontainebleau où il était trois jours après.

Le ministère anglais n'avait pas perdu son temps : la grandeur croissante de Napoléon était un moyen de plus dans ses mains. C'est sous l'influence de son ambition que fut formée la nouvelle coalition de la Grande-Bretagne, de la Russie, de l'Autriche et de la Suède. La Prusse paraissait vouloir rester neutre ; mais elle traitait secrètement.

Cependant les victoires de Wertingen, de Hünzbourg, de Memmingen, d'Elchingen et d'Ulm, l'envahissement complet de la Bavière, l'occupation de Vienne même, n'étaient que le prélude de la victoire d'Austerlitz, l'un des plus grands triomphes militaires qu'ait enregistré l'histoire. L'empereur François II vint lui-même trouver Napoléon au bivouac, et obtint une trêve pour l'Autriche et la Russie, à condition que l'Allemagne serait évacuée par cette dernière puissance. Le traité de Presbourg vint résumer, le 26 décembre, les résultats de cette grande journée. L'Autriche reconnaissait Napoléon pour roi d'Italie, et lui cédait la Dalmatie, l'Albanie et Venise ; les royaumes de Bavière et de Wurtemberg furent fondés.

Pendant ce temps, le royaume de Naples était conquis par Masséna, qui répétait en Italie tous les triomphes de Napoléon en Allemagne.

On pense bien que ces grands succès ne manquèrent point de flatteurs pour les célébrer. Le 25 janvier le sénat décréta qu'il serait élevé un monument à Napoléon-*le-Grand*; et le 10 février, que l'église de Saint-Denis serait restaurée et consacrée à la sépulture des empereurs.

La face de l'Europe était changée. Napoléon créait de nouveaux royaumes, comme la république avait auparavant enfanté d'autres républiques. Dans le discours d'ouverture qu'il prononça le 2 mai au corps législatif, on remarqua le passage suivant : « La maison de Naples a perdu sa couronne sans retour ; la presqu'île d'Italie tout entière fait partie du grand empire. » La confédération du Rhin était organisée.

C'était frapper la Prusse au cœur. Son souverain se prépara à la résistance, et ce fut l'occasion d'une coalition nouvelle.

Napoléon vole une fois encore en Allemagne, à la tête de sa *grande armée,* et gagne la bataille d'Iéna.

Les triomphes maritimes de l'Angleterre avaient suivi nos victoires continentales. Elle était restée, par le combat de Trafalgar, reine sans partage du vaste empire des mers. Le projet d'une descente était irrévocablement ruiné. Ce n'était plus de front, mais par des moyens indirects, que ce redoutable ennemi devait être attaqué. Un embargo général fut déclaré contre toutes les forces navales des ennemis de la France, dans les ports des villes anséatiques et sur le cours de l'Elbe et du Wéser. De Berlin, Napoléon signe deux décrets importans : l'un qui organise les gardes nationales de France pour la défense du territoire, et y incorpore tous les citoyens de vingt à soixante ans; l'autre qui crée le système de blocus continental des Iles britanniques, et déclare la saisie de toutes les marchandises anglaises trouvées sur le territoire français et dans les pays conquis.

C'est de Posen, le 2 décembre, qu'il décréta qu'il serait élevé sur l'emplacement de la Madeleine un monument dédié à nos braves, avec cette inscription : « L'empereur Napoléon aux soldats de la grande armée. »

Les conquêtes se continuaient. En 1807, Breslau et Glogau tombent au pouvoir des Français. Après une série non interrompue de victoires, Napoléon gagna la bataille de Friedland contre la Prusse et la Russie. L'ennemi est en pleine déroute, et le vainqueur le poursuit jusque sur les frontières de la Russie. Il ne s'arrête qu'à Tilsitt sur le Niémen. C'était le 19 juin 1807. Le 25 eut lieu, sur un radeau, cette fameuse entrevue des deux empereurs, qui se donnèrent des témoignages d'une amitié sur la valeur de laquelle ni l'un ni l'autre ne pouvait compter.

Le roi Guillaume est réintégré dans son royaume affaibli. Les royautés de Joseph, Louis et Jérôme Bonaparte sont reconnues, et Napoléon lui-même déclaré protecteur de la confédération du Rhin. Il achète l'engagement au blocus continental par le morcellement de la Pologne qu'il avait promis de reconstituer.

Il n'y avait plus que le Portugal dans toute l'Europe où la puissance anglaise pût conserver quelque accès. C'était trop que cette unique trouée au vaste réseau de douanes dont l'empereur l'avait entourée. Il dut songer à la lui fermer. La guerre fut déclarée. Le 24 novembre, Junot arrive à Abrantès; le 29, le prince régent du Portugal s'embarque pour le Brésil, et dès le 1er décembre Lisbonne est occupée par les Français.

C'est alors Napoléon étendit sur l'Espagne le système de politique qui devint si fatal à la France. Son instinct gouvernemental le conduisait à fonder l'indivisibilité hispanique. Le trône de Portugal était vide, et il ne restait plus qu'à vider le trône d'Espagne. La ruine de la Grande-Bretagne s'ensuivait. Il seconda en conséquence les prétentions de Ferdinand VII contre Charles IV, son père, et les amena l'un et l'autre à une double abdication. Mais l'Espagne et le Portugal se soulevèrent à la fois pour maintenir leur nationalité.

L'Angleterre exploita merveilleusement la guerre péninsulaire, et, pendant que l'empereur y remportait de sanglantes et infructueuses victoires, elle organisa une coalition nouvelle dans le nord fatigué des exigences d'un système dont la France en résultat devait seul profiter. Le choix fut fait entre les deux rivales, et la France définitivement sacrifiée.

L'Autriche et la Prusse reprirent l'offensive. La Russie garda d'abord une trompeuse neutralité.

Vainement Napoléon arrive une seconde fois à Vienne en courant de victoire en victoire : tout le sol germanique était ébranlé sous ses pas. Les batailles d'Essling et de Wagram étaient gagnées; mais l'insurrection éclatait à la fois en Prusse, en Westphalie, dans le Tyrol, la Valteline; Murat était menacé sur le trône de Naples, et obligé de faire arrêter le pape, envoyé en France comme prisonnier.

Un nouveau traité de paix fut signé à Vienne; mais les dangers qui menaçaient Napoléon ne lui en avaient pas moins été révélés. Il ne pouvait plus compter sur les paroles des rois, et les Espagnols avaient donné aux peuples un exemple dangereux d'indépendance et de liberté. La jeunesse allemande ne considérait plus son ambition que comme un instrument d'asservissement général pour l'Europe; et la tentative d'assassinat de l'étudiant Stobs, pendant son séjour à Altenbourg, avait laissé une impression profonde en son esprit. Qui le croirait? Il douta de sa propre puissance et songea à s'étayer de l'alliance de quelque antique dynastie. Il lui sembla qu'il tiendrait le continent en ses mains s'il obtenait le concours intéressé d'un empire qui, toujours vaincu, s'était toujours retrouvé le premier et le dernier dans la lutte ouverte par notre révolution. Son divorce avec Joséphine fut arrêté.

Que de douloureux combats cette résolution dut lui coûter! Eugène lui-même fut chargé de préparer sa mère à ce cruel sacrifice, qui se consomma au milieu des scènes les plus déchirantes pour Napoléon.

Enfin, le 15 décembre, à neuf heures du soir, en présence de Cambacérès, archichancelier de l'empire, de Regnault de Saint-Jean-d'Angély, secrétaire de l'état civil de la famille impériale, des princes et des princesses, l'empereur dit : « La politique de ma monarchie, l'intérêt et le besoin de mes peuples, qui ont constamment guidé toutes mes actions, veulent qu'après moi je laisse à des enfans, héritiers de mon amour pour mes peuples, ce trône où la Providence m'a placé. Cependant depuis plusieurs années j'ai perdu l'espérance d'avoir des enfans de mon mariage avec ma bien-aimée épouse l'impératrice Joséphine; c'est ce qui me porte à sacrifier les plus douces affections de mon cœur, à n'écouter que le bien de l'état et à vouloir la dissolution de notre mariage. Parvenu à l'âge de quarante ans, je puis concevoir l'espérance de vivre assez pour élever dans mon esprit et dans ma pensée les enfans qu'il plaira à la Providence de me donner... Ma bien-aimée épouse a embelli quinze ans de ma vie.... Elle a été couronnée de ma main.... Je veux qu'elle conserve le rang et le titre d'impératrice.... »

La malheureuse Joséphine dit ensuite : « Je me plais à donner à mon auguste et cher époux la plus grande preuve d'attachement et de dévouement qui ait jamais été donnée sur la terre. Je tiens tout de ses bontés : c'est sa main qui m'a couronnée, et du haut de ce trône je n'ai reçu que des témoignages d'amour et d'affection du peuple français. Je crois reconnaître tous ces sentimens en consentant à la dissolution d'un mariage qui désormais est un obstacle au bien de la France, qui la prive du bonheur d'être un jour gouvernée par les descendans d'un grand homme, évidemment suscité par la Providence pour effacer les maux d'une terrible révolution et pour rétablir l'autel, le trône et l'ordre social. »

Il fut dressé acte du consentement respectif des deux époux, et le lendemain le sénat se rassembla pour en recevoir communication. Eugène fut obligé de prendre la parole après l'exposé des motifs fait par Regnault de Saint-Jean d'Angély. « Lorsque ma mère, dit-il, fut couronnée devant toute la nation par les mains de son auguste époux, elle contracta l'obligation de sacrifier toutes ses affections aux intérêts de la France. Elle a rempli avec courage, noblesse et dignité ce premier des devoirs. Son ame a été souvent attendrie en voyant en butte à de pénibles combats le cœur d'un homme accoutumé à maîtriser la fortune et à marcher d'un pas ferme à l'accomplissement de ses grands desseins. Les larmes que cette résolution a coûté à l'empereur suffisent à la gloire de ma mère. »

Le sénat se retira pour délibérer. Les votes ne furent pas unanimes; car dans le compte-rendu de la délibération, le comte Lacépède s'exprime en ces termes : « Le scrutin donne en faveur du projet le nombre de voix exigé par l'article 56 de l'acte des constitutions du 4 août 1802. »

Le 14 février l'officialité de Paris déclara nul le mariage religieux de l'impératrice Joséphine, en vertu d'un ancien concile, et condamna Napoléon à une amende de SIX FRANCS envers les pauvres, faute d'en avoir observé les dispositions.

C'est sur l'archiduchesse Marie-Louise d'Autriche que Bonaparte avait arrêté son choix. On obtint le consentement de l'empereur François, et Berthier épousa par procuration le 11 mars. Le 13, la princesse quitta Vienne. Le 16, elle fut reçue en France par la reine de Naples, avec le pompeux cérémonial que Napoléon lui-même avait pris le soin de dicter. Il s'était occupé également de celui de leur entrevue. Mais son impatience rompit l'étiquette. Au lieu d'attendre la rencontre dans *la tente du milieu, où la princesse devait s'incliner pour se mettre à genoux, et l'empereur la relever, l'embrasser et s'asseoir à côté d'elle*, il courut furtivement au-devant d'elle, accompagné de Murat, et vêtu simplement de la redingote grise de Wagram, arrêta la voiture au relais de Courcelles et y monta brusquement.

Le 1er avril le mariage fut prononcé par l'archichancelier en présence de toute la cour. Le 31, l'empereur et l'impératrice firent leur entrée solennel à Paris. Le cardinal Fesch leur donna la bénédiction nuptiale. Jamais fête n'offrit tant de magnificence; elle était célébrée par toute une cour de rois.

Le 20 mars de l'année suivante, Marie-Louise ressentit les douleurs de l'enfantement; l'accouchement ne se fit pas sans danger. Bonaparte répondit au chirurgien Dubois, qui était venu le consulter : « Ne pensez qu'à la mère, et traitez l'impératrice comme une bourgeoise de la rue Saint-Denis. » A force de soins l'enfant fut mis au monde; mais ce ne fut qu'après six minutes qu'il donna signe de vie et respira. Transporté de joie l'empereur, ouvrant la porte du salon où l'on attendait comme les destinées de la France, s'écria : *C'est un roi de Rome !* Cent-un coups de canon annoncèrent la naissance de Napoléon II.

Cependant le blocus continental était violé par tous ceux qui avaient pris d'abord l'engagement de le maintenir. Louis lui-même avait été obligé de transgresser les ordres de son frère dans l'intérêt de ses sujets, et Bonaparte, l'ayant amené à une abdication, avait prononcé la réunion de la Hollande.

Par la même vue d'esprit il voulut châtier la Russie de l'inexécution de ses engagemens à cet égard. Tel fut l'origine de cette trop célèbre campagne qui nous conduisit de victoire en victoire jusqu'à Moscou, et de revers en revers jusqu'à Paris.

Dans son désespoir Napoléon tenta de s'empoisonner; mais la vigueur de sa constitution triompha d'une douloureuse agonie, et il s'écria: « La mort ne veut pas de moi. »

Par le traité de Paris son titre lui fut conservé, et il eut la facilité de se retirer avec quatre cents hommes de bonne volonté à l'île d'Elbe, dont on lui abandonna la souveraineté.

Au moment de se séparer de sa garde, jetant un regard en même temps calme et attendri sur ces vieux guerriers, il dit:

« Je vous fais mes adieux. Depuis vingt ans que nous sommes ensemble, je suis content de vous. Je vous ai trouvé au chemin de la gloire. Toutes les puissances de l'Europe se sont armées contre moi; quelques-uns de mes généraux ont trahi leur devoir, et la France elle-même a voulu d'autres destinées. Avec vous et les braves qui me sont restés fidèles, j'aurais pu entretenir la guerre civile; mais la France eût été malheureuse. Soyez fidèles à votre nouveau roi; soyez soumis à vos chefs, et n'abandonnez point notre chère patrie. Ne plaignez pas mon sort: je serai heureux lorsque je saurai que vous l'êtes vous-mêmes. J'aurais pu mourir; si j'ai consenti à survivre, c'est pour servir encore à votre gloire. J'écrirai les grandes choses que nous avons faites. Je ne puis vous embrasser tous, mais j'embrasse votre général. Venez, général Petit, que je vous presse sur mon cœur. Qu'on m'apporte l'aigle, que je l'embrasse aussi. Ah! chère aigle, puisse les baisers que je te donne retentir dans la postérité. Adieu, mes enfans! Mes vœux vous accompagneront toujours; gardez mon souvenir. »

Sa présence seule dans le voisinage de la France était un sujet de frayeur pour les rois. On méditait dans le congrès de Vienne de le transporter à Sainte-Hélène; mais il débarqua le 1er mars 1815 au golfe Juan; le 20 il faisait son entrée à Paris.

Malheureusement il ne comprit pas cette fois encore les besoins de la France. C'est la liberté qu'elle voulait, et il lui redemandait l'empire. On peut dire qu'ils se firent également défaut. Une seule défaite détruisit une union mal cimentée, que la victoire même n'aurait sans doute pas pu consolider.

Le capitaine anglais Maitland, commandant le Bellérophon, offrit à Napoléon de le conduire en Angleterre : il y consentit et écrivit au prince régent la lettre suivante, qui mérite bien d'être conservée.

« Altesse royale, en butte aux factions qui divisent mon pays et à l'inimitié des plus grandes puissances de l'Europe, j'ai consommé ma carrière politique. Je viens, comme Thémistocle, m'asseoir au foyer britannique, et je me mets sous la protection de ses lois, que je réclame de votre altesse royale, comme du plus puissant, du plus constant, du plus généreux de mes ennemis.   NAPOLÉON. »

Il fut conduit à Sainte-Hélène, séjour de souffrance et d'amères réflexions. C'est là qu'il disait, en parlant de lui-même. « C'est un couteau de boucher qu'ils ont mis là (dans son cœur), et ils ont brisé la lame dans la plaie. » Et en parlant de la France : « Je le vois bien maintenant : avant quarante ans la France sera cosaque ou république. »

Le 28 avril 1821, il recommanda au docteur Antommarchi de faire son autopsie et de porter son cœur à *sa chère Marie-Louise. Vous irez à Rome, docteur, vous direz aux miens que le grand Napoléon est expiré sur ce triste rocher, dans l'état le plus déplorable, manquant de tout, abandonné à lui-même et à la gloire.* Il témoigna le désir d'être enterré sur les bords de la Seine, *au milieu de ce peuple français qu'il a tant aimé.*

Le 3 mai, sentant sa fin approcher, il adressa ces paroles aux généraux Bertrand et Montholon, ses exécuteurs testamentaires : « J'ai sanctionné tous les principes ; je les ai infusés dans mes lois, dans mes actes ; il n'y en a pas un seul que je n'aie consacré. Malheureusement les circonstances étaient graves. J'ai été obligé de sévir, d'ajourner ; les revers sont venus ; je n'ai pu débander l'arc, et la France à été privée des institutions libérales que je lui destinais. Elle me juge avec indulgence; elle me tient compte de mes intentions; elle chérit mon nom, mes victoires. Imitez-la; soyez fidèles aux opinions que nous avons défendues, à la gloire que nous avons acquise; il n'y a hors de là que honte et confusion. »

Ces paroles furent comme la dernière confession de cet homme extraordinaire. Le 4 mai, à cinq heures et demie du soir, il ne sortit du sommeil léthargique où il était plongé que pour prononcer ces deux mots : TÊTE D'ARMÉE ! Et il expira.....

C'est alors que sir Hudson Lowe s'écria : « Il est mort, tout est fini : demain nous lui rendrons les derniers devoirs. »

FIN.

Deux sous chaque ouvrage séparément.

BIBLIOTHÈQUE
POUR CINQ FRANCS.
CINQUANTE OUVRAGES
différens les uns des autres
A deux Sous chacun,

PAR UNE RÉUNION D'HOMMES DE LETTRES

et sous le patronage

DE SAVANS, DE PAIRS DE FRANCE, DE DÉPUTÉS, DE PRÉFETS,
DE MAIRES, ETC.

PROSPECTUS.

« Pour que l'instruction se répande aisément il faut que le prix des livres n'empêche pas de les acheter ; qu'ils soient écrits avec simplicité, clarté, afin d'être compris ; qu'ils soient instructifs, afin d'être utiles. »

C'est le but à atteindre.

Aidés par des savans, protégés par des hommes honorables, des magistrats, des législateurs des deux Chambres, nous l'atteindrons.

Les livres sont gros, ils sont chers.

L'immense majorité en France n'a pas le temps de lire de gros livres, n'a pas d'argent pour ceux qui sont chers.

Il faut donc de petits ouvrages à très bon marché : ce sont les nôtres ; chacun d'eux, complet en un volume, coûte DEUX SOUS.

Géographie, Arithmétique, Grammaire, Petit Buffon, Morale en Action, Merveilles de la Nature, Astronomie,

Physique et Chimie amusantes; Choix de Contes, de Fables; Histoires de France, d'Angleterre, d'Italie, d'Espagne, etc., etc., enfin CINQUANTE PETITS OUVRAGES A DEUX SOUS CHACUN. De tous ceux que nous venons de citer un seul aura deux ou trois volumes, c'est à dire coûtera 4 ou 6 sous : c'est l'Histoire de France. Chacun des autres, imprimé en caractères serrés mais très lisibles, contient en un volume assez de matière pour enseigner le sujet dont il traite ou pour en donner les notions les plus essentielles.

Notre entreprise, encouragée par des hommes honorables de toutes les opinions, parce qu'il n'y en a qu'une sur la pressante utilité de jeter de l'instruction en France, se recommande surtout aux maires de toutes les communes : c'est une bonne œuvre que de provoquer des souscriptions aussi utiles.

CINQ FRANCS pour une BIBLIOTHÈQUE INSTRUCTIVE, AMUSANTE, c'est une dépense légère que feront les pères de famille, les jeunes gens des deux sexes, et enfin tous ceux qui, pour peu d'argent, veulent à la fois l'utile et l'agréable.

Prix de chaque ouvrage dans les bureaux, 2 sous; — les cinquante volumes, *rendus à domicile* A PARIS, 5 francs; — et vingt-cinq volumes, 3 francs.

Pour les départemens, vingt-cinq volumes *franc de port*, 4 francs; — les cinquante volumes, 8 francs.

Les demandes et l'argent doivent être adressés *franco* à AD. RION et compagnie, rue des Grands-Augustins, n. 18, près du Pont-Neuf.

www.ingramcontent.com/pod-product-compliance
Lightning Source LLC
Chambersburg PA
CBHW060501050426

42451CB00009B/762